내일도 사랑하는 너에게

아름다운 이 세상은 우리를 시인으로 만들었지

Part 1.

Part 2.

Part 3.

Part 1.

너를 걸으며 너를 숨 쉬며 살던 날들이 영원하기를 바라고 바랐어.

터널의 빛이 보이기 시작하면서 나는 너의 옷자락을 붙잡기 시작했어.

아름다운 이 세상은 우리를 시인으로 만들었지

너의 발걸음과 나의 발걸음은 다른 꽃들 위에 있었지.
처음부터 우리는 우리를 잘 몰랐던 거야.
그저 서로의 온기 속에서 살다가
차가운 공기를 맞이하였을 때 우린 눈을 감고 있었어.

아름다운 이 세상은 우리를 시인으로 만들었지

너라는 세상을 잃어버리고 하늘을 찾기 시작했어.
무서웠나봐.

아름다운 이 세상은 우리를 시인으로 만들었지

너와 나눠 먹었던 자몽도 딸기도
이젠 시간 속에 녹아버렸고
너가 좋아하던 빵 반죽을 넘어서
차가운 아메리카노가 남았어.

아름다운 이 세상은 우리를 시인으로 만들었지

사랑은 온 우주라고 하던 너에게
나는 사랑은 너라 말했고
우리를 우리로 묶을 수 없었지

아름다운 이 세상은 우리를 시인으로 만들었지

세상은 흐려지고

너마저 내렸지

아름다운 이 세상은 우리를 시인으로 만들었지

예고편 없이 시작된 우리는 하늘의 축복을 받았을까

엔딩 크레딧 없이 갑자기 끝이 나버린 우리의 뒷모습은

서로의 사랑을 응원하고 있을까

아름다운 이 세상은 우리를 시인으로 만들었지

흔한 사랑 드라마도 보지 못하는 나와 책을 좋아하는지도 모르는 너를 두고

침묵은 어둠이 아닌 하얀색이었다.

아름다운 이 세상은 우리를 시인으로 만들었지

나의 젊음 속에 비치는 너를

나는 하얀 머리를 빗으면서 너의 얼굴을 창문 틈에서 찾고 있겠지.

아름다운 이 세상은 우리를 시인으로 만들었지

너의 정원에서 몰래 가지고 온 하얀 숨은

나의 작은 비밀이 되었고

그 죄로 나는 현실에 떨어졌다.

아름다운 이 세상은 우리를 시인으로 만들었지

나는 눈이 멀어버리고
너의 머릿속에서 나갈 수 없었다.

아름다운 이 세상은 우리를 시인으로 만들었지

너를 미워하던 마음을 바르게 가지기 시작하고 나서는
너가 꿈에 놀러 왔다.
언제나 다정하고 다정했던 너.

아름다운 이 세상은 우리를 시인으로 만들었지

작은 숨소리가 내 안에 느껴질 때 땅은 흔들렸고
나는 빙그르르 돌았다.
나에게 그토록 원하던 선물을 남겼고
우린 우연을 가장한 채 시간을 지나갔다.

아름다운 이 세상은 우리를 시인으로 만들었지

세상에서 가장 아름다운 글로
너를 남기고
너를 새기고
너를 보며 웃었다.

아름다운 이 세상은 우리를 시인으로 만들었지

Part 2.

아름다운 언어로 당신을 남길 수 있는 것은
내가 당신에게 할 수 있는 어여쁜 선물이자 감사입니다.

나의 오만으로 당신의 순간을 알아보지 못했고
나의 가벼움이 당신을 스쳤을 때는 이미 늦은 시간이었습니다.

당신을 위한 기도와 마음은 거짓됨이 없었으나
당신에게 이해를 바라지는 않습니다.
우리의 시간들 속에서 영원히 거닐며 추억할 뿐입니다.

당신을 한마디로 정의할 수 없기에
어설픈 글로 그려봅니다.

아름다운 이 세상은 우리를 시인으로 만들었지

당신이 힘들어할 때 그 아픔을 느끼지 못했고
배려하지 못함이 못내 아쉬울 뿐입니다.
당신을 헤아리지 못한 나는
우산 없이 비를 맞고 있습니다.
눈이 오는 계절에 당신을 떠나
벚꽃 사진도 보내지 못했습니다.

내가 없는 당신은
먼 풍경을 바라보고 있을까요
다른 사람 옆자리에 앉아 있을까요

아름다운 이 세상은 우리를 시인으로 만들었지

당신은 소중한 것들을 내게 주었고
나는 아픔만 준 건 아닌지
오늘도
그려보고 있습니다.

아름다운 이 세상은 우리를 시인으로 만들었지

아름다운 이 세상은 우리를 시인으로 만들었지

Part 3.

만약에
오늘도 우연히 너를 본다면
또 한편의 글을 적고 있겠지.
그 날의 못 다한 말을

아름다운 이 세상은 우리를 시인으로 만들었지

아름다운 이 세상은 우리를 시인으로 만들었지

글. 심J

전자우편 hellogood01@naver.com

인스타 Sims25sims

출판사 카피바라숲

1판 1쇄 2025년 6월 10일

값 5000원

*이 책의 판권은 지은이에게 있습니다.